Book of Irish Prayers

Nadia Kaczmarczuk

Nadia Kaczmarczuk

VERITAS

Published 2013 by
Veritas Publications
7–8 Lower Abbey Street
Dublin 1, Ireland
publications@veritas.ie
www.veritas.ie

ISBN 978 1 84730 408 7
Copyright © Nadia Kaczmarczuk, 2013

10 9 8 7 6 5 4 3 2 1

The material in this publication is protected by copyright law.
Except as may be permitted by law, no part of the material may
be reproduced (including by storage in a retrieval system) or
transmitted in any form or by any means, adapted, rented or
lent without the written permission of the copyright owners.
Applications for permissions should be addressed to the publisher.

A catalogue record for this book is available from the British
Library.

Designed by Barbara Croatto, Veritas
Printed in the Republic of Ireland by Hudson Killeen Limited,
Dublin

Veritas books are printed on paper made from the wood pulp of
managed forests. For every tree felled, at least one tree is planted,
thereby renewing natural resources.

Contents

In the Name of the Father | 4

Hail Mary | 6

Our Father | 8

Glory be to the Father | 10

St Patrick's Breastplate | 12

Prayer to St Bridget | 14

Morning Prayer | 16

Night Prayer | 18

Grace Before Meals | 20

Grace After Meals | 22

Act of Sorrow | 24

Prayer for Forgiveness | 26

Prayer to the Guardian Angel | 28

Serenity Prayer | 30

Ag Críost an Síol | 32

A Mhuire na nGrás | 34

A Íosa, Glan mo Chroíse | 36

Céad Fáilte Romhat | 38

In the Name of the Father

In the name of the Father,

And of the Son,

And of the Holy Spirit,

Amen

In ainm
an Athar,
agus an Mhic,
agus an
Spioraid Naoimh.

Áiméan

Hail Mary

Hail Mary, full of grace,
The Lord is with thee.
Blessed art thou among women
And blessed is the fruit of thy womb, Jesus.
Holy Mary, mother of God,
Pray for us sinners,
Now, and at the hour of our death.
Amen

'S é do Bheatha,
a Mhuire,
atá lán de Ghrásta,
tá an Tiarna leat.
Is beannaithe
thú idir mhná
agus is beannaithe
toradh do bhroinne, Íosa.
A Naomh Mhuire
a Mháthair Dé,
guigh orainn
na peacaigh,
anois agus ar
uair ár mbáis.

Áiméan

Our Father

Our Father, who art in heaven,
Hallowed be thy name;
Thy kingdom come,
Thy will be done on earth as it is in heaven.
Give us this day our daily bread
And forgive us our trespasses,
As we forgive those who trespass against us;
And lead us not into temptation,
But deliver us from evil.
Amen

Ár n-Athair,
atá ar neamh,
go naofar d'ainm,
go dtaga do ríocht,
go ndéantar do
thoil ar an talamh
mar a dhéantar
ar neamh.
Ár n-arán
laethúil tabhair
dúinn inniu, agus
maith dúinn ár
bhfiacha, mar a
mhaithimidne
dár bhféichiúna
féin, agus
ná lig sinn i
gcathú,
ach saor
sinn ó
olc.

Glory be to the Father

Glory be to the Father
And to the Son
And to the Holy Spirit,
As it was in the beginning,
Is now, and ever shall be,
World without end.
Amen

Glóir don Athair
agus don Mhac,
agus don
Spiorad Naomh,
mar a bhí ó thús
mar atá anois
agus mar
a bheas go brách
le saol na saol.
Áiméan

St Patrick's Breastplate

Christ be beside me, Christ be before me,
Christ be behind me, King of my heart.
Christ be within me, Christ be below me,
Christ be above me, never to part.
Christ on my right hand, Christ on my left hand,
Christ all around me, shield in the strife.
Christ in my sleeping, Christ in my sitting,
Christ in my rising, light of my heart.
Christ be in all hearts thinking about me,
Christ be on all tongues telling of me.
Christ be the vision in eyes that see me,
In ears that hear me, Christ ever be.

Críost liom,
Críost romham,
Críost 'mo dhiaidh,
Críost ionam,
Críost fúm,
Críost os mo chionn,
Críost ar mo dheis,
Críost ar mo chlé,
Críost i gcroí,
gach duine a
smaoiníos orm,
Críost i mbéal
gach duine a
labhraíos liom,
Críost i ngach súil
a dhearcas orm,
Críost i ngach cluas
a chluineas mé.

Prayer to St Bridget

Bridget Mary of the Gael,
Bridget, let your mantle pass over me
And keep me under your protective covering
Until I am with you in the Paradise of God.

Paidir do Bhríd Naofa

A Bhríd,
a Mhuire na nGael
a Bhríd,
scaoil tharam do brat
agus coinnigh faoi
do chumhdach mé
go mbeidh mé leat
i bhFlaitheas Dé.

Morning Prayer

Father in heaven, you love me,
You are with me night and day.
I want to love you always
In all I do and say.
I'll try to please you, Father,
Bless me through the day.
Amen

Paidir na Maidine

A Dhia,
tá grá agat dom.
Bíonn tú liom
de lá is d'oíche.
Ba mhaith liom
grá a thabhairt
duit gach
nóiméad den lá.
Ba mhaith liom
tú a shásamh.
A Athair,
cabhraigh liom.
Áiméan

Night Prayer

God, our Father, I come to say
Thank you for your love today.
Thank you for my family,
And all the friends you give to me.
Guard me in the dark of night,
And in the morning send your light.
Amen

Paidir na hOíche

A Dhia, a Athair,
molaim Thú
as ucht
do chineáltais
liom inniu.
As ucht mo chairde
molaim Thú.
Agus as
an teaghlach
a thug Tú dom.
I ndorchadas
na hoíche
cosain mé;
solas na maidine
go bhfeice mé.
Áiméan

Grace Before Meals

Bless us, O Lord,

And these, thy gifts,

Which we are about to receive

From thy bounty

Through Christ, Our Lord.

Amen

Altú Roimh Bhia

Beannaigh sinn,
a Thiarna
agus na bronntanais
seo uait,
a bhfuilimid le glacadh
ó do rath,
trí Chríost ár dTiarna.

Áiméan

Grace After Meals

Thank you God, for the food we have eaten.

Thank you God, for all our friends.

Thank you God, for everything.

Thank you God.

Amen

Altú tar éis bhia

Go raibh maith agat,
　　　　　a Dhia
mar is tú a thug,
　　　　　bia dúinn.
Go raibh maith agat,
　　　　　a Dhia
mar is tú a thug,
　　　　　cairde dúinn.
Go raibh maith agat,
　　　　　a Dhia
mar is tú a thug,
　　　　　gach rud dúinn.
Go raibh maith agat,
　　　　　a Dhia
　　Áiméan

Act of Sorrow

O my God, I thank you for loving me.
I am sorry for all my sins,
For not loving others and not loving you.
Help me to live like Jesus and not sin again.
Amen

An Gníomh Dóláis

A Dhia,
gabhaim buíochas leat
as ucht do ghrá dom.
Tá brón orm faoi
mo pheacaí uile:
nach raibh grá
agam duitse
ná do dhaoine eile.
Cabhraigh liom mo shaol
a chaitheamh
ar nós Íosa
agus gan peaca
a dhéanamh arís.
Áiméan

Prayer for Forgiveness

O my God, help me to remember the times
When I didn't live as Jesus asked me to.
Help me to be sorry and to try again.

Amen

Paidir ag Iarraidh Maithiúnais

A Dhia, ár nAthair,
cabhraigh liom
cuimhneamh ar
na huaireanta
nár mhair mé
mar a d'iarr Íosa orm.
Cabhraigh liom
brón a bheith orm
agus iarracht eile
a dhéanamh.

Áiméan

Prayer to the Guardian Angel

Noble angel, angel of God,

Help me all through the day.

Be close beside me forever,

And don't let the devil lead me astray.

Amen

Paidir chuig an Aingeal Coimhdeachta

A aingil uasail,
a aingil Dé,
caomhraigh liom
ar feadh an lae;
bí le m'ais
go síoraí dlúth
ná lig don diabhal
mé chur amú.
Áiméan

Serenity Prayer

God, grant me the serenity
To accept the things I cannot change,
Courage to change the things I can,
And wisdom to know the difference.

Amen

A Dhia, deonaigh dom an

Suaimhneas chun
glacadh le rudaí
nach féidir liom
a athrú,

Misneach chun
rudaí a
athrú nuair
is féidir, agus

Gaois chun an
difríocht
a aithint
Áiméan

Ag Críost an Síol

To Christ the seed,
To Christ the crop,
In the barn of Christ may we be brought.

To Christ the sea,
To Christ the fish,
In the nets of Christ may we be caught.

From growth to age,
From age to death,
Thy two arms here, O Christ, about us.

From death to end,
Not end but growth,
In the blessed paradise may we be.
Amen

Ag Críost an síol,
ag Críost an fómhar,
in iothlainn Dé
go dtugtar sinn.

Ag Críost an mhuir,
ag Críost an t-iasc,
i líonta Dé
go gcastar sinn.

Ó fhás go haois,
is ó aois go bás
do dhá láimh,
a Críost,
anall tharainn.

Ó bhás go críoch
ní críoch ach athfhás
i bParthas na ngrást
go rabhaimid.

Áiméan

A Mhuire na nGrás

Mary of graces, Mother of the Son of God,
May you protect me,
May you save me from every evil,
May you save me, both body and soul,
May you save me on sea or land.
May you save me from Hell or Purgatory.
Guardian Angel be above me,
God be before me and God be with me.
Amen

A Mhuire na ngrás
 a Mháthair Mhic Dé,
Go dtuire tú
 ar mo leas mé.
Go sábhála tú mé
 ar gach uile olc,
Go sábhála tú mé
 idir anam is chorp.
Go sábhála tú mé
 ar muir is ar tír,
Go sábhála tú mé
 ar lic na bpian.
Garda na n-aingeal
 os mo chionn
Dia romham
 agus Dia liom.
Aiméan

A Íosa, Glan mo Chroíse

Jesus cleanse my heart
Really pure and bright every day.
Jesus put my mind under complete control
Of your love.

Make my thoughts really clean
And also the words of my mouth.
Lord, sweet God,
Forever direct my life.

A Íosa
Glan mo Chroíse

A Íosa
glan mo chroíse
go gléchlan gach lá;
a Íosa cuir m'intinn
faoi léirsmacht
do ghrá.

Déan mo smaointe
go fíorchlan
agus briathra
mo bhéil,
's a Thiarna,
'Dhia dhílis,
stiúraigh choíche
mo shaol.

Céad Fáilte Romhat

A hundred welcomes to you, O King of the Blessed Sunday
who has come to help us after the week.
My feet guide early to Mass,
part my lips with blessed words,
stir up my heart and banish out of it all spite.
I look up to the Son of the Nurse,
her one and only Son of Mercy,
for he it is who has so excellently redeemed us
and his we are whether we live or die.

Céad Fáilte Romhat

Céad fáilte romhat,
a Rí an Domhnaigh
óbeannaithe,
do tháinig, le cabhair
chugainn tar éis
na seachtaine.
Corraigh mo chos
go moch chun Aifrinn,
corraigh im bhéal
na briathra beannaithe,
corraigh mo chroí
agus díbir an ghangaid as.
Féachaim suas
ar Mhac na Banaltran,
agus ar a Naomh-Mhac
trócaireach,
mar is é is fearr
a cheannaigh sinn
agus gur leis féin
beo is marbh sinn.